westermann

W0399782

Rechtschreiben 1

Zum Selbstlernen

Erarbeitet von

Matthias Greven

Marie-Claire Kirchhoff

Illustriert von

Matthias Berghahn

Antje Hagemann

Inhaltsverzeichnis

Meine Lieblingswörter:

Laute am Wortanfang hören

1 Verbinde.

U

A

2 Verbinde.

L

M

S

1 Sprich und verbinde.

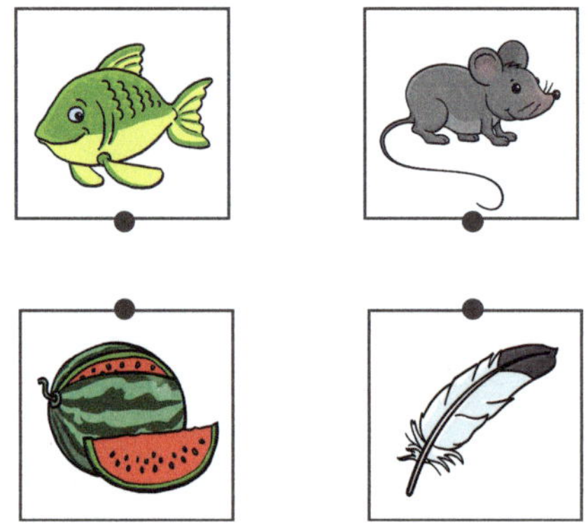

2 Sprich und streiche durch.

Silben zuordnen

1 Sprich und setze Silbenbögen.

2 Sprich in Silben und verbinde.

1 Verbinde.

Lu

La

So

Sa

Ti

To

Li

Lu

Me

Ma

Ma

Mu

Le

La

Lo

Li

Sa

Se

Su

Se

Mi

Ma

Me

Mo

Mi

Ma

Ta

To

Ta

To

2 Sprich in Silben und male an.

→ rot

→ grün

→ blau

1 Sprich deutlich. Kreise in der gleichen Farbe ein.

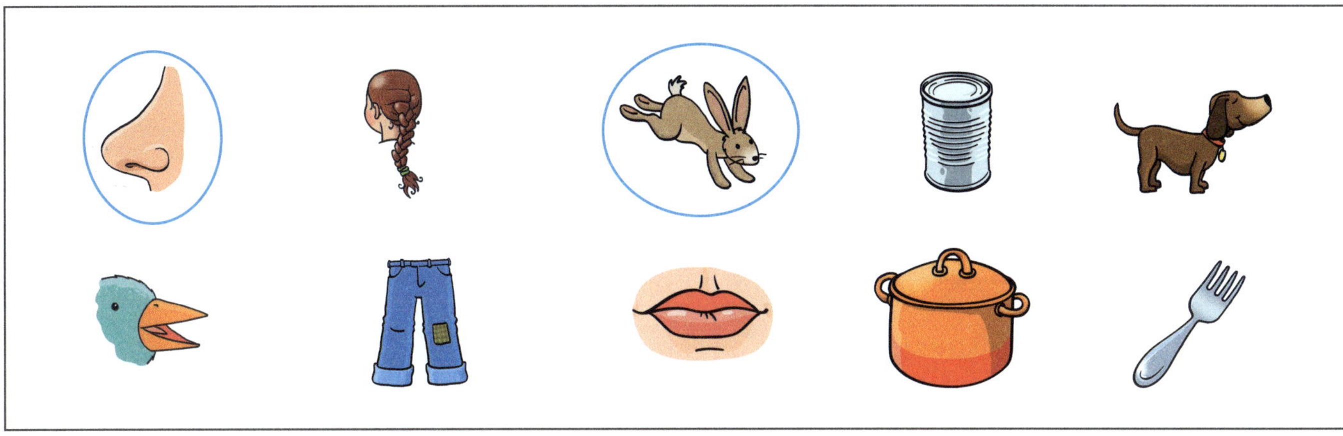

2 Sprich genau. Verbinde.

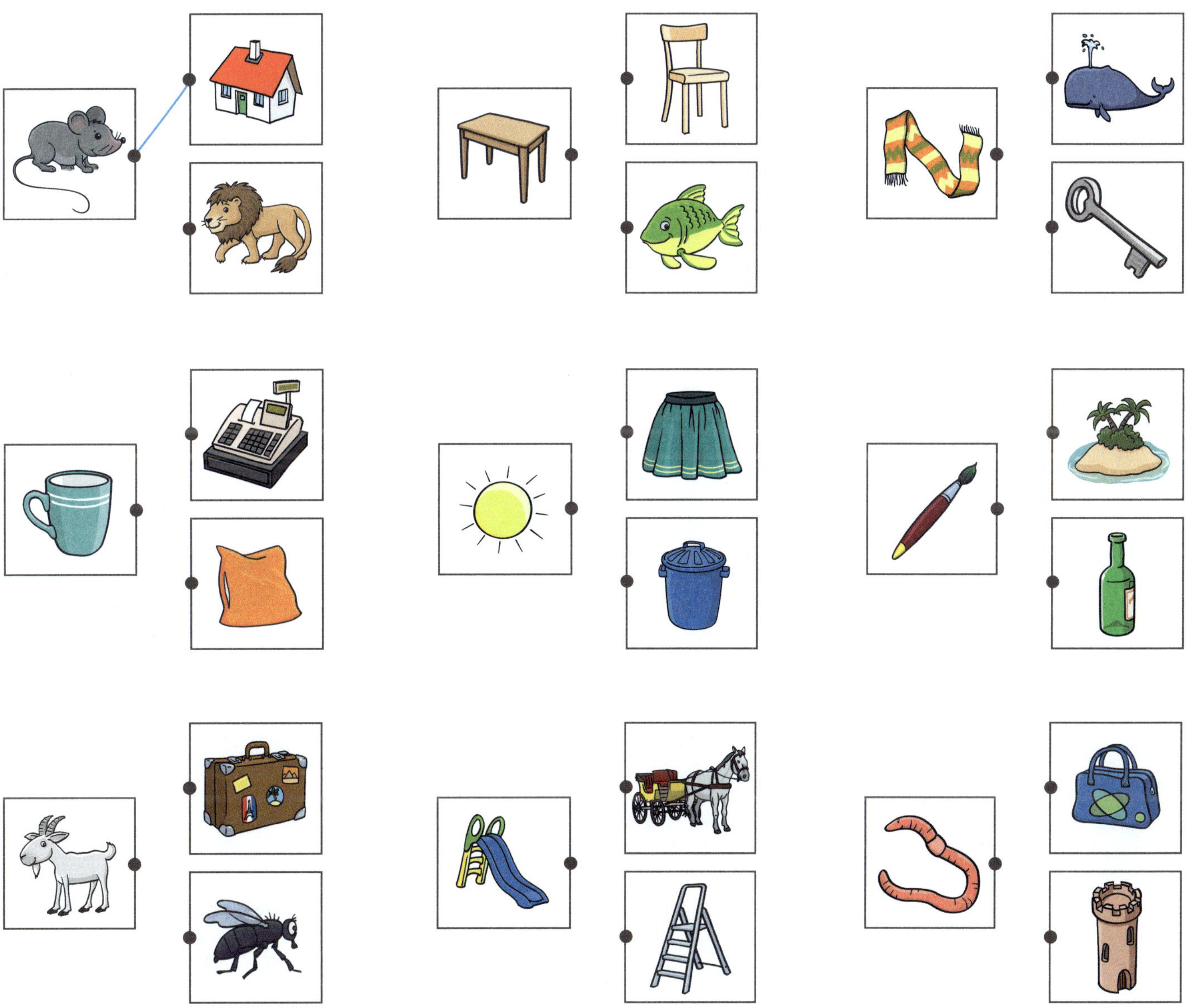

1 Sprich deutlich. Verbinde.

2 Sprich deutlich. Streiche durch.

1 Bilde Wörter und verbinde.

E	Ma	O	E	La
ma	sel	mu	ma	ma

2 Schreibe auf.

 Emu

3 Setze ein. am im

Oma ist am  .

Mama ist ________  .

Mama ist ________  .

Oma ist ________  .

Oma ist ________  .

Mama ist ________  .

1 Sprich deutlich und verbinde.

2 Sprich deutlich und verbinde.

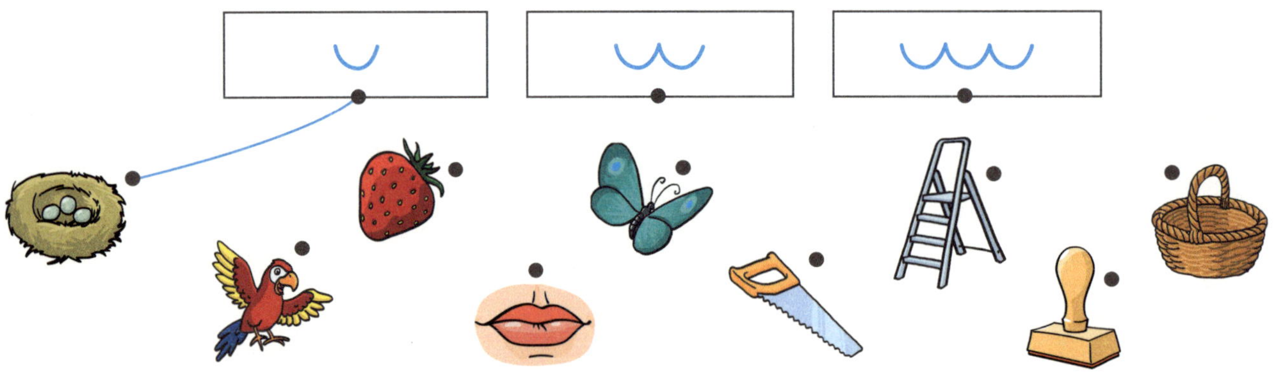

Wo landen die Tiere? Finde das Lösungswort heraus: ___ ___ ___ ___
1 2 3 4

1 Sprich und verbinde.

W | B

E | D

F | Sch

G | I

H | R

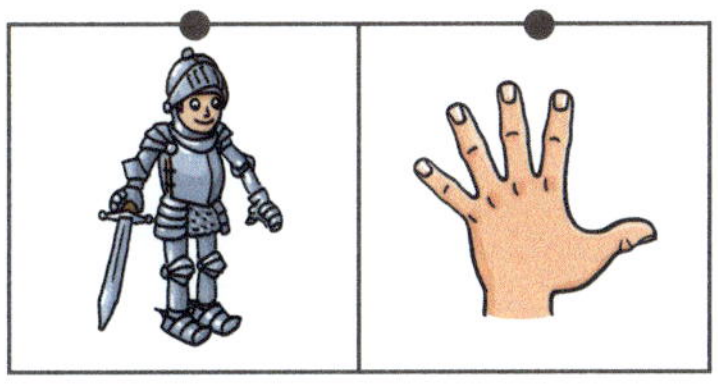

N | K

M | O

P | S

Z | A

2 Sprich und verbinde.

O N T R I

1 Sprich deutlich. Kreise in der richtigen Farbe ein.

M L S E

2 Lies und setze ein.

 __L__ampe

 _____ama

 _____sel

 _____onne

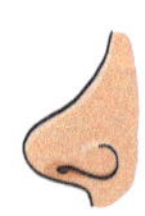 _____ase

 _____ofa

 _____aterne

 _____aus

 _____nte

 _____mpel

 _____ma

 _____alat

1 Verbinde.

Re
Ra
Ro

Lu
Li
Lo

Me
Mo
Mi

El
Em
En

Lo
La
Li

Si
Se
Sa

La
Le
Li

Si
Se
So

Li
Lo
La

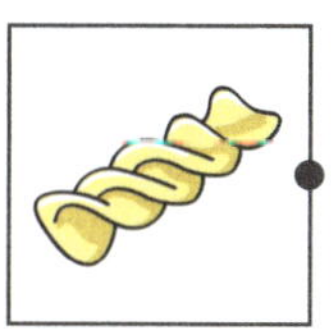

Nu
Na
No

Ro
Ra
Re

Sa
So
Si

2 Male an.

Me	To	Tan	Sa	La
ma	lo	lat	Tin	ne
ter	te	ne	te	te

1 Verbinde.

- Au — ti / ta / to

- Ha — se / si / so

- La — mu / ma / mi

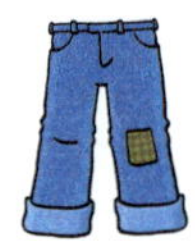
- Ho — su / si / se

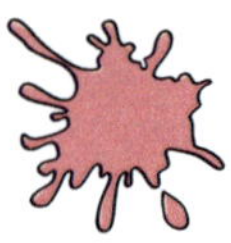
- ro — su / sa / si

- Tor — ta / to / te

- E — sal / sol / sel

- Ma — ler / lor / lur

- In — sal / sel / sol

- Man — tel / tol / tul

2 Finde eigene Wörter.

A – E – I – O – U sind **Silbenkerne**.
In jeder Silbe ist ein Silbenkern.

Lu pe, le sen, To ma ten

1 Sprich und setze Silbenbögen. Trage die Silbenkerne ein.

u		
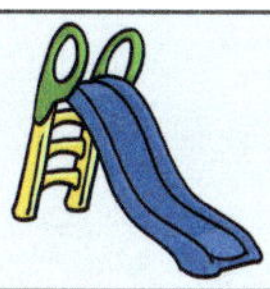		

2 Verbinde und schreibe.

Man	lat
La	tel
Sa	ma

	M antel
	S
	L

1 Sprich und setze Silbenbögen. Trage die Silbenkerne ein.

2 Kreise das passende Wort ein.

1 Finde Wörter und kreise ein. Schreibe sie ab.

DtAmselFhaLimoPuwrSalamiKosarrMinm

Amsel

NdsuulTomateNmlidsTrSalatLlMmSnTore

2 Schreibe auf.

		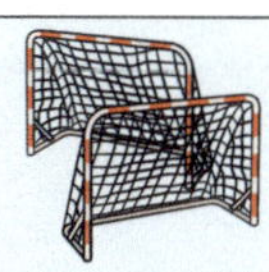			
Amsel					

3 Schreibe auf. um mit ich im

Lena und Mama und Oma am Tor.

Mama und ________ am .

Alle ________ Oma.

Oma ist ________ .

1 Verbinde.

Al

At

Am

Ti

To

Te

Sa

So

Si

2 Sprich und setze Silbenbögen. Trage die Silbenkerne ein.

a e

Finde die Wörter. Male an.

S	a	l	a	m	i	w	c
x	A	m	s	e	l	E	B
T	o	m	a	t	e	q	r
w	x	t	o	T	o	r	e
f	z	L	i	m	o	x	m
q	O	m	a	y	z	w	m
c	f	p	i	L	a	m	a
E	s	e	l	y	c	z	p

1 Sprich deutlich. Kreuze an, wo du den Laut hörst.

R r												
		X										
S s												
T t												

2 Setze ein.

 Robo_t_er

 Ha___e

 Mau___

 Ro___e

 Hu___

 Rake___e

 Wo___ke

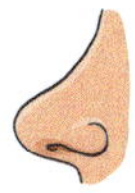 Na___e

 En___e

 Wa___

 Hau___

 Bro___

 Gla___

 Rau___e

 Do___e

1 Sprich deutlich und kreise ein. Trage die Buchstaben ein.

	Om a u	Om _a_
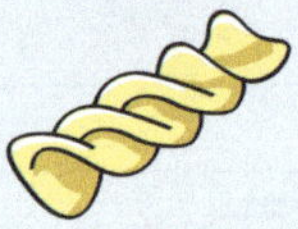	Nude l m	Nude___
	Din a o	Din___
	Ese l m	Ese___
	Amse n l	Amse___
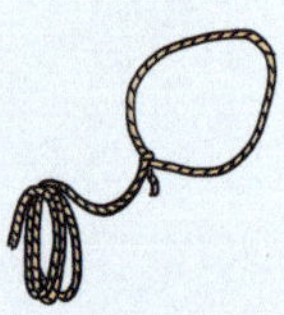	Lass o e	Lass___
	Gla s m	Gla___
	Hun d s	Hun___
	Mau s m	Mau___
	Lim o i	Lim___

	Roll u e	Roll___
	Sala t m	Sala___
	Nage t l	Nage___
	Salam o i	Salam___
	Rasse m l	Rasse___
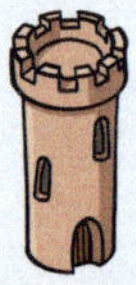	Tur t m	Tur___
	Hau s m	Hau___
	Bro k t	Bro___
	Aut o i	Aut___
	Hu s t	Hu___

In der 2. Silbe versteckt sich oft ein **e**.
Diesen Silbenkern kannst du schlecht hören.

Na del, Ra sen, En te

1 Verbinde. Markiere die Silbenkerne.

Ma — ler / der / ter

Na — sel / del / rel

Man — bel / tel / sel

Ra — men / ten / sen

E — sel / nel / del

Ro — men / ten / sen

Ras — sel / mel / tel

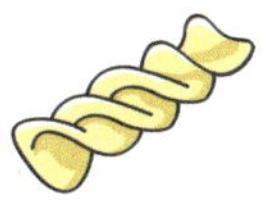
Nu — sel / del / tel

le — sen / ten / nen

ren — sen / ten / nen

Do — se / le / me

Bil — ser / der / mer

1 Verbinde. Schreibe auf.

Mes	fel	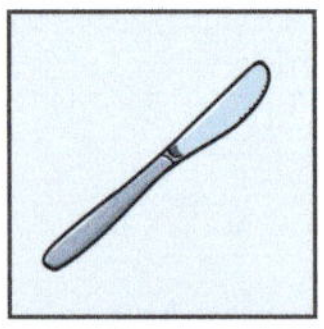	Messer
Tel	ser	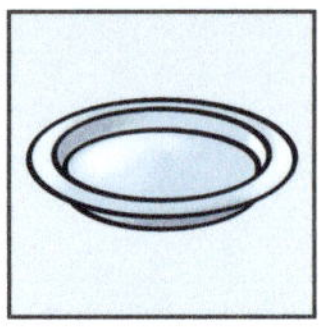	
Ta	ler		
Pin	be		
Ra	del		
Pu	sel		
En	sen		
Win	ten		
Ho	ter		

1 Verbinde.

Tonne	Rose	Tanne	Insel	Tor
Hantel	Rolle	Mund	Tasse	Nase

2 Streiche durch.

1 Kreise in der gleichen Farbe ein.

2 Reime.

Rose

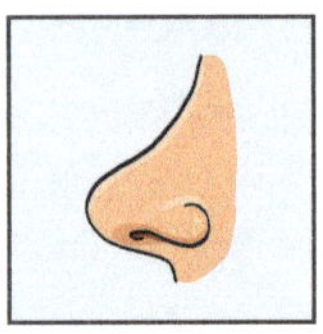

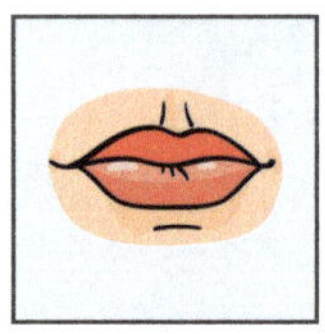

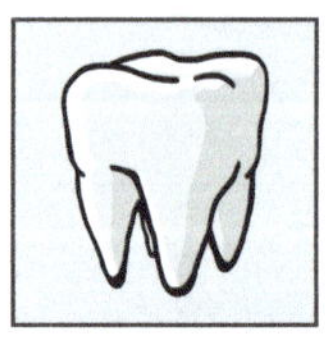

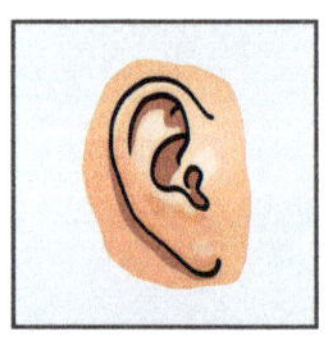

Abschreiben üben

1 Verbinde und schreibe auf.

En	sen		Ente
Na	te		
Ro	del		
Nu	gel		

2 Schreibe auf. Setze Silbenbögen und markiere die Kerne.

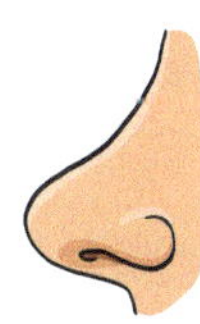

Lose,

3 Schreibe ab.

er	er	wie	
bin		wir	
nur		aber	

1 Sprich deutlich. Trage ein.

 Hund_e_

 Ameis___

 Ams___

 ess___

 Mal___

 Bes___

2 Male in der passenden Farbe an und schreibe auf.

To	Me	Tan	Leu
te	ma	lo	te
te	sen	ne	le

Tomate, ___________________________

____

Male die Silbenkerne grün an.

Es gibt Wörter, die man großschreibt. Man nennt sie **Nomen**.
Nomen geben Menschen, Tieren, Pflanzen und Dingen einen Namen.

das Kind, die Rose, der Sessel, die Ente

1 Setze ein.

1 Kreise in der richtigen Farbe ein.

Menschen	Tiere	Pflanzen	Dinge

2 Schreibe die Wörter von oben.

Menschen	Tiere	Pflanzen	Dinge
		Gras	

Nomen erkennen

1 Finde die Nomen und kreise ein. Schreibe sie auf.

alkSkjDkTomateTirpsoLimoHgadsMutterJkp

Tomate,

UhaLissRollerPosiTRaEimerGrwaMatteHop

BruderOpgdfFotoNesrRaMeloneWpKZlati

LILopHundRuspncEuroJagTjhsdgLeiterDsiaRT

jhadgfPalmevirTTgfLupeHfRTafelK

SDfpTulpeMnbOnkelZtufAmpelUzW

1 Schreibe die Nomen. Markiere den ersten Buchstaben.

	Telefon		

2 Schreibe die Nomen auf.

a m T t e o	R e s o	t B o r
Tomate		
s a e N	t T e a n	l e E s
d u n H	m n e D u a	l e b n a Sch

Wortgrenzen erkennen

1 Trenne die Wörter ab und schreibe sie auf.

NEST|MUNDMANNBLUME

Nest,

BILDTOMATEOMALIMO

BUSWALMESSERKIND

HOSERABEHUTBANANE

EISWURSTWANNEFARBE

WALDHUNDTANNEENKEL

Wortgrenzen erkennen

1 Trenne die Wörter ab und schreibe die Sätze auf.

Wir|lesenundlachen.

Wir

TimistamSee.

OmaistmitMamaimAuto.

WirmalenBildermitFarbe.

EnnowartetamTurm.

AlleessenSalatundTomaten.

1 Setze ein. Achte auf die Großschreibung.

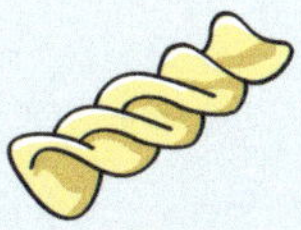				
N udel	___eiter	___esen	___anne	___ose

___iese	___ama	___lefant	___pa	___alme

2 Schreibe die Nomen auf.

Menschen	Tiere	Pflanzen	Dinge
			Nudel

3 Schreibe ab.

Wir werden wieder lesen.

Wir

Diese Torte war ganz toll.

1 Trenne die Wörter ab.

EIS|ASTEIMERESELWASSERLASSOERDE

BRILLEBOOTSESSELOFENRATTEPAPIER

2 Schreibe, setze Silbenbögen und markiere die Silbenkerne.

Eimer

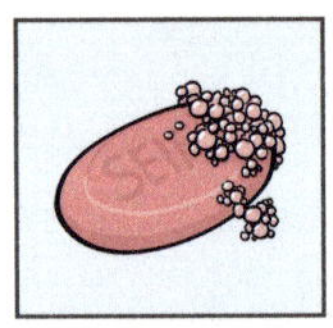

Finde das Lösungswort heraus: ___ ___ ___ ___ ___ ___ ___

1 2 3 4 5 6 7

___ ___ ___ ___ ___ ___ ___

4 6

E E F S R T N

___ ___ ___ ___ ___ ___ ___

1 2 3

N L T E R A E

E E D R F

___ ___ ___ ___ ___

5 7

1 Verbinde. Markiere die Silbenkerne.

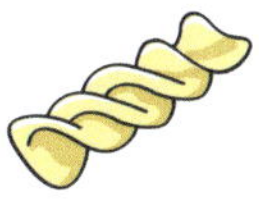 Nu — del / tel

 Ra — ren / sen

 Blu — sen / men

 Trom — tel / mel

 But — ser / ter

 Bil — der / mer

 Ne — tel / bel

 Be — len / sen

 Fe — der / ser

 Wel — me / le

2 Setze ein: **e**, **el**, **en**, **er**

 Hos e

 Taf___

 Dos___

 Mant___

 Hamm___

 Ros___

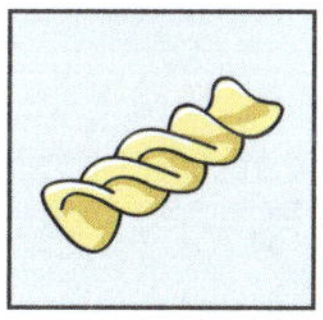 Nud___

 Ritt___

 Ent___

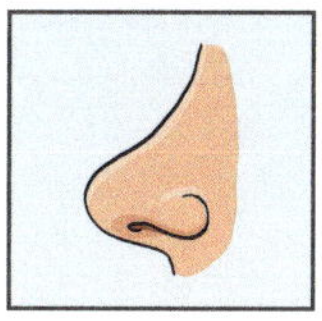 Nas___

 Has___

 Mutt___

1 Sprich und schreibe auf.

Ampel

Sätze lesen und schreiben

Jeder Satz ist eine Minigeschichte.
Am Ende steht ein Punkt.

Oma malt ein Bild. **Nina isst Tomaten.**

1 Verbinde. Markiere die Punkte.

Oma ist am Auto.

Der Hund hat eine Wurst.

Auf der Wiese sind Blumen.

Toni und Lina lesen.

Tim turnt am Baum.

Mia malt eine Blume.

2 Schreibe den passenden Satz zum Bild.

Am Ast ist eine Schaukel.

Am Affe ist eine Schaufel.

Mira und Leon rollen.

Mira und Leon rennen.

Das erste Wort im Satz schreibt man groß.
Am Ende des Satzes steht oft ein Punkt.

Oma ist im Auto. **Das Auto ist rot.**

1 Markiere den Satzanfang und den Punkt am Ende.

Mama und Papa sind im Haus.

Auf dem Tisch ist Salat mit Tomaten.

Alle finden Salat mit Tomaten toll.

2 Setze Punkte und schreibe ab.

Die Sonne scheint.Es ist warm

Die Sonne scheint.

Die Schule ist aus Wir rennen in den Park

Wir wollen ins Kino. Dort sehen wir einen tollen Film

Reimwörter erkennen

1 Sprich deutlich und verbinde.

lieben lesen Klammer Zahlen nett

Mutter schneller Wand Riese schleifen

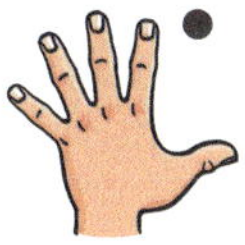    

2 Sprich deutlich. Male Reimwörter in der gleichen Farbe an.

Meise	Hasen	Leiter	Reis	messen
Rampe	drei	Reiter	Sonne	Dame
Name	essen	Reise	Eis	Lampe
rasen	Raub	Laub	frei	Tonne

3 Streiche durch.

Rose	Leiter	Mund	Fisch
Dose	Meise	Wal	Tisch
~~Teller~~	Reise	rund	fischen

Reimwörter schreiben

2 Schreibe die Reimwörter auf.

Wurm	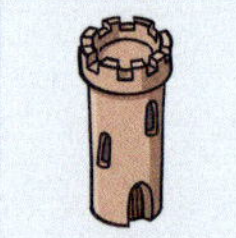	Turm
Kanne		
Hosen		
Wand	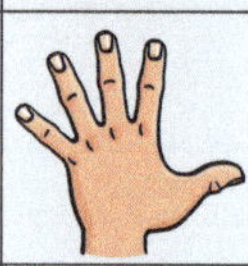	
Schild		
Suppe		
Kino		
Tonne		
Bauer		
Fisch		
Klasse		
Lamm	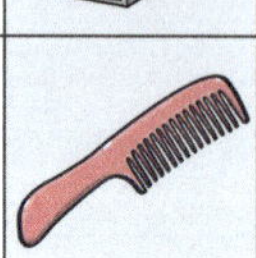	
Hupe		
Mofa		

Raum		
Kessel		
Fest		
Flasche		
tippen		
Reiter		
Durst	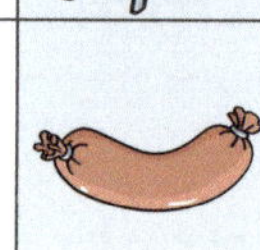	
Laden		
Beil		
Wind		
Dieb		
Kuss		
Mut		
Futter		

1 Markiere den Satzanfang und setze die Punkte. Schreibe ab.

Schon bald werde ich sieben.

Schon bald

Dann werden wir feiern

Papa kann mit uns ins Kino

Also das wird eine tolle Feier

Nun ist es bald soweit

2 Kreise die Wörter ein und schreibe ab.

undTwennLFgazUalsoPrThLdannOFRTohne

und,

1 Verbinde die Reimwörter.

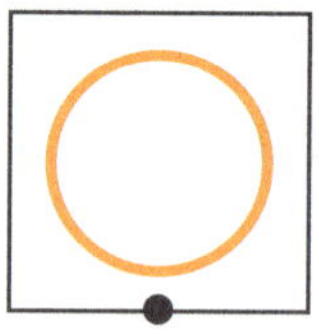

Kessel	Reis	Mund	Nase

2 Schreibe.

Maler			

Löse das Rätsel.

Wortfamilien kennenlernen

Verwandte Wörter haben einen Teil im Wort, der gleich ist.
Diese Wörter gehören zu einer **Wortfamilie**.

SPIEL: spielen, das Spiel, gespielt

2 Male an.

essen	Maler	Turnmatte	essbar
turnen	Roller	rollen	Turnschuhe
Feger	malen	Abendessen	fegen
Malkasten	gefegt	Handfeger	wegrollen

2 Schreibe die Wörter geordnet auf.

essen – essbar – Abendessen,

Wortbausteine kennenlernen

Mit **Wortbausteinen** kann man neue Wörter bauen.

bauen: auf bauen an bauen um bauen

1 Markiere die Wortbausteine.

aufschreiben	verschreiben	abschreiben
umschreiben	unterschreiben	mitschreiben
hinschreiben	beschreiben	vorschreiben

2 Bilde neue Wörter. Schreibe auf.

ab / an / aus	malen	abmalen
weg / hin / aus	gehen	
los / weg / ab	fahren	
hin / aus / weg	sehen	

Punkt am Satzende setzen

Am Ende eines Satzes steht oft ein Punkt.

Die Kinder rennen.

1 Lies und markiere die Punkte.

Lena und Lisa rennen im Garten.

Lisas Hund Udo ist am Zaun.

Er rennt hin und her.

Da kommt Lisas Mama mit Opa.

Opa hat etwas für Udo dabei.

Udo schaut neugierig zu Opa.

Es sind ____ Sätze.

2 Lies und setze die Punkte.

Opa hat eine Wurst für Udo.

Udo mag Wurst sehr gern

Die Wurst duftet toll

Udo ist aufgeregt

Er wartet und sabbert schon

Es sind ____ Sätze.

Punkt am Satzende setzen

1 Lies und verbinde die Satzteile.

Opa wirft Udo	die Wurst sofort.
Udo schnappt	der Hund schnell auf.
Die Wurst isst	seine Wurst zu.

2 Schreibe die Sätze auf. Markiere die Punkte.

Opa wirft Udo seine Wurst zu.

3 Setze Punkte.

Udo will mit Opa in den Park.

Opa und Udo gehen zusammen los

Dort laufen sie um den See Udo rennt ins Wasser

Nun ist er so nass Opa muss grinsen

Großschreibung am Satzanfang anwenden

Das erste Wort im Satz schreibt man groß.

Die Schule ist aus. Später treffen sich die Kinder.

1 Markiere die Satzanfänge und die Punkte.

Omas Auto ist kaputt.

Sie will nun kein Auto mehr.

Deshalb kauft sie einen Roller.

Er ist rot und sehr flott.

2 Korrigiere die Satzanfänge. Markiere die Punkte.

M
~~m~~it dem Roller düst Oma umher.

sie findet den Roller super.

morgens war sie schon im Park.

der Roller ist sehr praktisch.

alle schauen der flotten Oma hinterher.

1 SVerbessere die Satzanfänge und setze Punkte.
Schreibe die Sätze richtig auf.

D
~~die~~ Schaukel ist am Ast.ich schaukele

Die Schaukel ist am Ast.

Lele hat eine Hose an auf der Hose ist eine Blume

im sommer schlafen wir oft bei Oma sie hat immer Eis

2 Setze Punkte und verbessere die Satzanfänge.

Es sind _____ Sätze.

I
~~im~~ Winter ist es kalt. dann esse ich
gern Waffeln ich esse am liebsten
Omas Waffeln sie sind so lecker dann
ist immer ein toller Duft in der Luft

1 Schreibe ab.

über	zum	gegen	hier	wann	dort
über					

2 Schreibe ab. Markiere die Satzanfänge und die Punkte.

Über Nils wohnen Opa und Oma.

Über Nils wohnen Opa und Oma.

Toms Schwester hat Hamster.

Wir fahren mit dem Bus zum Zoo.

Dort oben steht ein altes Haus.

Hier male ich viele Bilder.

Ein junger Hund rennt los.

1 Male die Wortfamilien mit gleicher Farbe an.

schreiben	vorlesen	Lauf	abschreiben
Schreibheft	laufen	aufschreiben	weglaufen
vorlesen	Leser	ablesen	Laufschuhe

2 Setze Punkte und verbessere die Satzanfänge.

D
~~die~~ Rehe fressen Gras. der Hirsch passt auf

alle Hasen sind auf dem Feld sie rennen umher

ein fremder fuchs schleicht durch den graben

Finde die 6 Fehler. Kreise ein.

Nomen gibt es in der **Einzahl** und in der **Mehrzahl**.

eine Hose – viele Hosen
ein Kind – viele Kinder

1 Male an.

Blume	Tor	Enten	Tische
Nadel	Dose	Blumen	Lampen
Tisch	Tore	Lampe	Nadeln
Dosen	Autos	Ente	Auto

2 Schreibe die Nomen auf.

Einzahl: ein/eine	Mehrzahl: viele
eine Blume	viele Blumen

1 Ergänze Einzahl oder Mehrzahl.

Einzahl: ein/eine	Mehrzahl: viele
ein Ufo	viele Ufos
ein Elefant	
	viele Bären
eine Gabel	
ein Hund	
	viele Melonen
	viele Eimer
eine Lampe	

2 Schreibe richtig auf.

	ein Heft		viele Hefte

Ä/ä, **Ö/ö** und **Ü/ü** sind Umlaute.

Äpfel, Körner, Würfel

1 Kreise die Wörter ein: Ä/ä Ö/ö Ü/ü

Säge	Löwe	Flöte	Bär	Flügel	Öl
Käse	Tür	Frösche	Hände	grün	wärmer
Träne	fünf	hören	müde	böse	grün

2 Trage die Wörter richtig ein. Markiere **Ä/ä**, **Ö/ö** und **Ü/ü**.

Wörter mit ä	Wörter mit ö	Wörter mit ü
Säge		

3 Trage die Umlaute ein.

_ü_ben	M___we	Br___cke	K___he
___pfel	Kr___te	Gl___ser	h___ren
Bl___te	sch___n	Pl___ne	sp___t

Wörter mit Umlauten schreiben

1 Ergänze die Nomen in der Mehrzahl. Markiere die Umlaute.

Einzahl: ein/eine	Mehrzahl: viele
eine Hand	viele Hände
ein Apfel	
eine Wand	
ein Ofen	
ein Wort	
ein Ton	
ein Tuch	
ein Wurm	
ein Hut	
ein Loch	
ein Rad	
ein Dorf	
eine Bank	
ein Vogel	
ein Dach	
ein Buch	
ein Mann	
eine Tochter	
ein Schrank	
ein Turm	

Wörter mit Qu/qu schreiben

Wörter mit **Qu/qu** muss man sich merken.

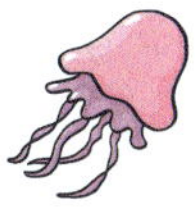 **Qualle**  **Aquarium**

1 Schreibe die Wörter auf. Markiere **Qu/qu**.

Qualle Quartett Aquarium Querflöte Quark Qualm

	Quartett		
		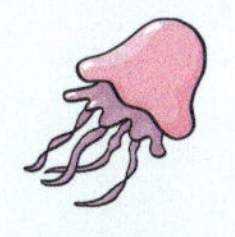	

2 Verbinde die Reimwörter. Schreibe auf.

Wal	___er	
wer	___aken	
pieken	Qu al	Wal – Qual
haken	___ieken	

Falle	___atschen	
Park	___elle	
Stelle	___alle	
matschen	___ark	

Wörter mit **Sp/sp** und **St/st** muss man sich merken.

 **Sp**inne  **St**iefel

1 Schreibe die Wörter. Markiere **St** und **Sp**.

Spiel Stachel Spagat Stall Spaghetti

Spaten Stuhl Spinne Spuren Spiegel Stift

Specht Steine Stempel Stufen Stern

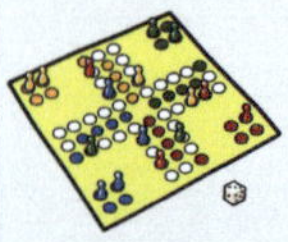	Spiel		

		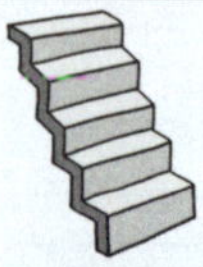	

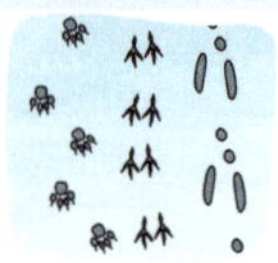			

1 Schreibe die Sätze ab.

	Die Klasse 1a ist sportlich.
	Ben springt über eine Bank.
	Alle spielen ein lustiges Spiel.
	Erik macht oft Quatsch.
	Mia stolpert über ihre Füße.
	Frau Kruse tröstet Sara.
	Dann spielen die Kinder zusammen.

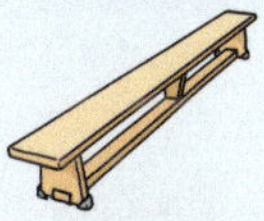	

1 Ergänze Einzahl oder Mehrzahl.

Einzahl: ein/eine	Mehrzahl: viele
eine Hand	viele Hände
ein Stein	
	viele Spiele
eine Qualle	
eine Stange	
	viele Störche

Male so:
Das Monster mit dem Hut ist gelb.
Das größte Monster hat grüne Beine.
Das kleinste Monster
hat blaue Punkte.
Das Monster auf dem Tisch
hat lila Haare.
Mit dem pinken Roller
fährt das graue Monster.

1 Sprich deutlich. Kreuze an, wo du den Laut hörst.

Z z								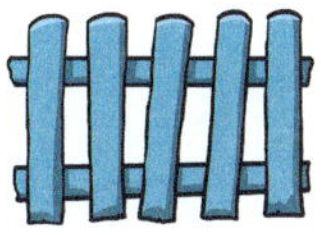				
		X										
F f		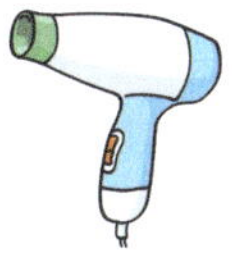										
K k												
P p												
Sch sch		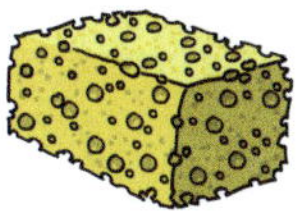										
M m												

1 Sprich deutlich. Trage die fehlenden Buchstaben ein.

S s	Z z	Sonne	Pil___	Be___en	Wur___el	In___el
N n	M m	Di___o	Blu___e	___agel	___öhre	Bau___
B b	P p	___uch	___aket	Die___e	___är	Am___el
R r	Ch ch	Bu___	Kno___en	Pi___at	___eiten	Sche___e
G g	K k	___önig	We___e	___ans	Ber___e	___uchen

2 Sprich die Wörter und schreibe auf.

	G K äse	Käse		G K eist	
	G K och			G K abel	
	B P insel			B P esen	
	B P är			B P aket	
	D T ose			D T afel	
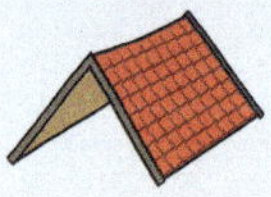	D T ach			D T iere	

Wenn man ein langes **i** hört, schreibt man meistens **ie**.

 Liebe  Biene

1 Zeichne Silbenbögen ein. Markiere **ie**.

		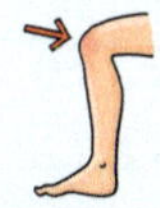
Schiene	Biene	Knie

Spiegel	Stiefel	Ziege

2 Markiere **ie** und schreibe auf.

	viele Diebe	ein Dieb
	viele Tiere	
	viele Briefe	
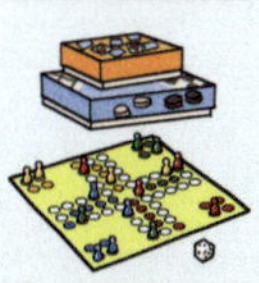	viele Spiele	
	viele Lieder	
	viele Siebe	

1 Sprich deutlich und finde die Wörter mit langem **i**. Kreise ein.

2 Sprich deutlich und setze **ie** oder **i** ein. Schreibe auf.

W_ie_se	B___ne	L___be
Wiese		
K___nd	sp___len	T___re
s___ben	P___nsel	R___se
Sch___ne	W___ppe	v___r
w___ndig	sch___ben	W___nter
L___ste	s___bzehn	T___sch
K___sten	Sch___ffe	W___nd

Merkwörter mit C/c schreiben

Wörter mit **C/c** muss man sich merken.

 **Comic**

 **Popcorn**

1 Schreibe die Wörter. Markiere **C/c**.

Comic	Camping	Creme	Popcorn
Cent	Computer	Clown	Currywurst

	Comic		

2 Schreibe die Wörter von oben richtig auf.

C o m i c

Wörter mit **V/v** muss man sich merken.

 **Vogel**  **Klavier**

1 Schreibe die Wörter. Markiere **V/v**.

Klavier November Vase Vollmond Kurve

Vorhang Vulkan vier Vogel Vater

	Vogel

2 Sprich deutlich. Trage richtig ein.

V/v klingt wie f	V/v klingt wie w
Vogel	Klavier

1 Schreibe die Sätze ab.

	Ben möchte einen Comic kaufen.
	Leider hat er seinen Vater verloren.
	Im Laden ist richtig viel los.
	Ein netter Verkäufer hilft ihm.
	Ben wartet vor dem roten Vorhang.
	Er darf etwas Popcorn essen.
	Dann kommt auch Bens Vater zurück.

1 Sprich deutlich. Trage **ie** oder **i** ein.

w_ie_gen	B___nen	s___nken	D___be
Fl___ge	W___ppe	v___r	Kn___
s___ngen	R___se	T___r	l___gen
Z___le	B___ld	s___ben	W___se

Welches Bild ist anders? Kreise ein.

Laute am Wortende hören

Manche Nomen werden am Ende anders geschrieben, als sie klingen.
Wenn man die Mehrzahl bildet, dann hört man es genau.

ein Hun d/t ? → viele Hunde, also: ein Hund

ein Ber g/k ? → viele Berge, also: ein Berg

ein Die b/p ? → viele Diebe, also: ein Dieb

1 Was gehört zusammen? Kreise in der gleichen Farbe ein.

Bild	Kind	Bilder	Hemd
Land	Kinder	Hemden	Lied
Pferd	Lieder	Länder	Pferde

2 Schreibe die Wörter zusammen auf.

ein Bild – viele Bilder,

Laute am Wortende hören

1 Was gehört zusammen? Kreise in der gleichen Farbe ein.

Korb	Urlaube	Berg	Körbe	Weg	Siebe
Dieb	Sieb	Urlaub	Berge	Burg	Zug
Burgen	Diebe	Stab	Wege	Stäbe	Züge

2 Schreibe die Wörter zusammen auf.

ein Korb – viele Körbe,

Wortbausteine verwenden

1 Markiere die Wortbausteine.

umziehen	ausziehen	abziehen
anziehen	losziehen	beziehen
wegziehen	vorziehen	verziehen

2 Bilde Wörter und schreibe auf. Markiere die Wortbausteine.

weg
hin — laufen
los

weglaufen

an
aus — malen
ver

los
weg — gehen
aus

weg
ab — fahren
los

Wortbausteine verwenden

1 Bilde Wörter und schreibe auf. Markiere die Wortbausteine.

weg hin her unter über an am auf aus um mit los ab

fahren

wegfahren,

2 Bilde Wörter und schreibe auf. Markiere die Wortbausteine.

weg hin her unter über an am auf aus um mit los ab

bauen

anbauen,

Sätze schreiben: Großschreibung und Punkt

Am Ende eines Satzes steht oft ein Punkt.

Die Kinder rennen.

1 Verbinde.

Heute machen wir	in kleine Stücke.
Wir schneiden das Obst	in eine Schüssel.
Alles kommt	in der Klasse.
Zum Schluss mischen wir	Obstsalat.
Gemeinsam essen wir	das Obst.

2 Schreibe die Sätze auf. Markiere die Punkte am Satzende.

Heute machen wir

1 Setze Punkte.

Heute ist es heiß. Wir gehen ins Schwimmbad

Im Schwimmbad gibt es eine Rutsche Wir rutschen oft

Später essen wir Pommes Danach kaufen wir noch ein Eis

Am Ende holt uns Mama ab Wir sind alle müde

2 Setze Punkte und verbessere den Satzanfang.

I
~~i~~m Schwimmbad ist es toll . Finn springt vom Turm er ist

mutig alle springen fröhlich ins Wasser

3 Schreibe die Sätze auf. Markiere den Satzanfang und den Punkt.

Im Schwimmbad ist es toll.

Wörter mit Pf/pf schreiben

1 Verbinde und schreibe auf.

	Apfel	
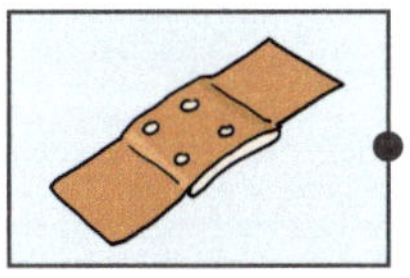	Knopf	Knopf
	Pflaster	
	Pferde	
	Pfanne	

2 Schreibe die Wörter. Markiere **Pf/pf**.

	Tropfen	Tropfen
	Pfeil	
	Pfeffer	
	Topf	
	Pfau	
	Pfeife	

	Pflaumen	
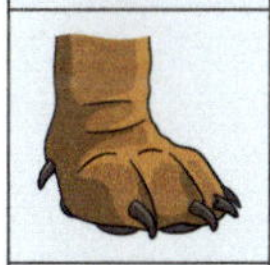	Pfote	
	Pfütze	
	Pflanze	
	Napf	
	Kopf	

1 Verbinde und schreibe auf.

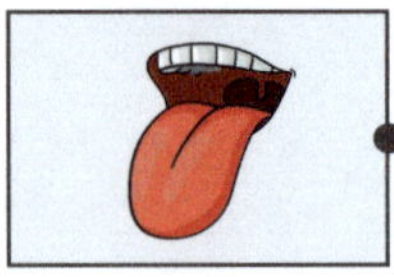	Klingel	
	Zunge	Zunge
	Bank	
	Schlange	
	Junge	

2 Schreibe die Wörter. Markiere **ng** und **nk**.

	springen	springen		tanken	
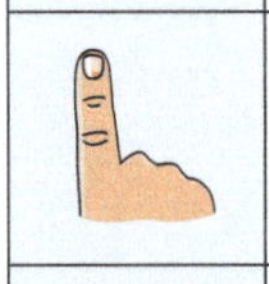	Finger			Anker	
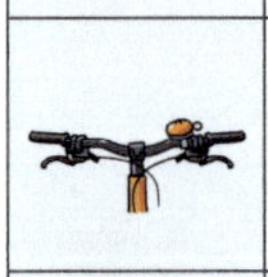	Lenker			Zange	
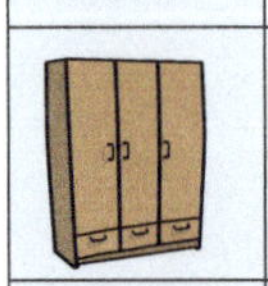	Schrank		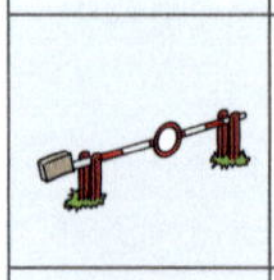	Schranke	
	Blinker		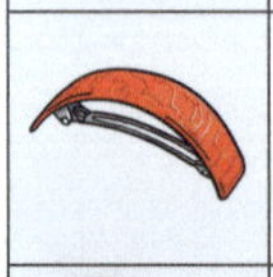	Spange	
	Ring			trinken	

1 Schreibe die Sätze ab.

	Hamza sitzt vor dem Fernseher.
	Die Kinder wollen noch malen.
	Oma und Opa fahren mit dem Bus.
	Ich habe zu viel gegessen.

2 Schreibe Sätze zu den Wörtern.

können	
nicht	
doch	
oft	
viel	
vor	
hart	

1 Bilde Wörter und schreibe auf. Markiere die Wortbausteine.

weg	über	vor	ver

nehmen

wegnehmen,

2 Setze Punkte. Verbessere den Satzanfang.

B
bald sind Sommerferien dann fliegen wir bequem weg

Löse das Rätsel.

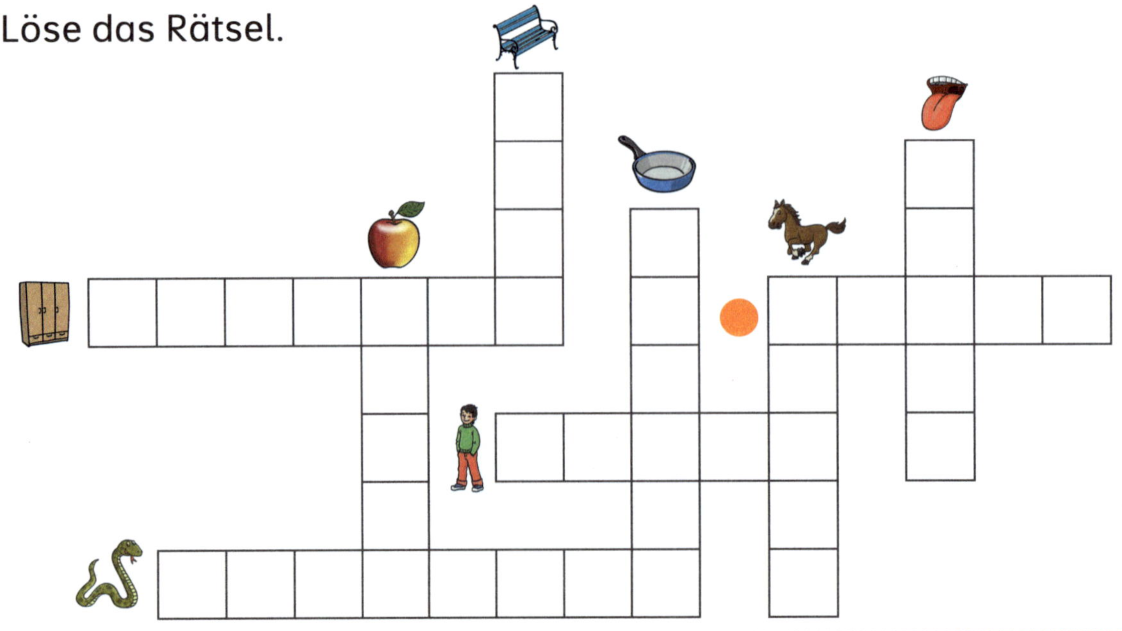

Sätze schreiben und verbessern

1 Vergleiche Wort für Wort mit der Vorlage.

2 Ein Fehler? Streiche das Wort durch.

3 Schreibe das richtige Wort darüber.

1 Finde die Fehler. Schreibe richtig.

Toni trinkt Limo.	Der Hund bellt.
trinkt	
Toni ~~trrinkt~~ Limo.	der hund bellt.

Auf der Wiese finden die Kinder viele Blumen.
Auf dr Wiese finnden die Kinber fiele Blumn.

2 Schreibe ab. Vergleiche Wort für Wort.

Lesen	Der Wind bläst kranke Blätter von den Bäumen.
Verbessern	
Schreiben	Der Wind

Lesen	Heute schlafen Max und Murat im Zelt.
Verbessern	
Schreiben	

Sätze schreiben und verbessern

1 Lies die Sätze. Markiere deine Aufpass-Stellen.

2 Merke dir den Text Schritt für Schritt.

3 Sprich beim Schreiben mit.

4 Kontrolliere Wort für Wort.

Markieren	Unsere Klasse geht in den Zoo.
Verbessern	
Schreiben	Unsere Klasse geht

Markieren	Wir besuchen die Löwen.
Verbessern	
Schreiben	

Markieren	Die Affen schreien und klettern herum.
Verbessern	
Schreiben	

Markieren	Der Löwe schläft unter einem Baum.
Verbessern	
Schreiben	

Markieren	Am Ende gibt es für alle ein Eis.
Verbessern	
Schreiben	